Pehla Safar

OrangeBooks Publication

1st Floor, Rajhans Arcade, Mall Road, Kohka, Bhilai, Chhattisgarh 490020

Website: **www.orangebooks.in**

© Copyright, 2025, Author

All rights reserved. No part of this book may be reproduced, stored in a retrieval system, or transmitted, in any form by any means, electronic, mechanical, magnetic, optical, chemical, manual, photocopying, recording or otherwise, without the prior written consent of its writer.

First Edition, 2025

ISBN: 978-93-6554-592-0

Pehla Safar

AMAN KUMAR SAH

OrangeBooks Publication
www.orangebooks.in

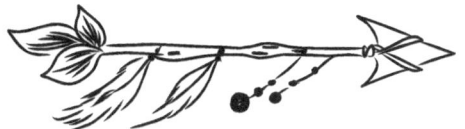

Prologue

Ek Backpack, Thoda Darr, Aur Mera Pehla Safar.

Meri pehli solo trip ki kahani...

Socha nahi tha ki zindagi ka ek chapter itna special ban jayega. Ek backpack, thoda sa darr, aur ek ajeeb si excitement.

Yeh kitab un logo ke liye hai jo life mein thoda adventure chahte hain, jo ek train miss hone ko bhi ek naya experience maante hain, jo hotel ke soft bed chhod ke kabhi kisi highway wale dhabe ki charpai pe soye hain, jo naye logon se milna aur unki ajeeb baatein sunna ek alag hi thrill samajhte hain!

Agar tum ek aise traveler ho jise trip pe nikalte hi ghar waalon ka 'jaldi wapas aana beta' wala taana sunne ki aadat ho gayi hai,

ya tumhara ek dost har baar trip cancel karne ke liye naye naye bahane dhoondta hai, toh yeh kitab tumhare liye likhi gayi hai!

Aur haan, agar tumhe lagta hai ki tumhare travel experiences isse better hain, toh bhai, pehli fursat mein hume bhi bula lo!

Kyunki adventure kabhi khatam nahi hota… bas naye raste dhoondne padte hain!

Toh seat belt baandh lo, backpack tayar rakho aur ek naye safar ki shuruaat karo! Yeh sirf ek kahani nahi, yeh ek experience hai… aur tum iske ek hissa ho!

Maine ghar pe bhi nahi bataya ki solo ja raha hoon. Matlab socho, ek akela banda, bina kisi backup ke nikal raha hai—aur ghar pe sirf itna bola, "Haan, doston ke saath ja raha hoon." Kyunki agar sach bata deta, toh mummy ka emotional atyachaar aur papa ka "Beta, tujhe kya zaroorat hai akele jaane ki?" wala pravachan mere plan ka satyanash kar deta.

Uttarakhand! Haan, wahi jagah jismein maine kabhi pair bhi nahi rakha tha. Jo thoda bahut dekha bhi tha, wo bhi bachpan mein Haridwar aur Rishikesh ka mandir-darshan, mummy-papa ke saath, aur usmein bhi mera main focus tha chhole-bhature aur Ganga ke side wale pakode.

Himachal? Arre bhai, Himachal toh Chandigarh mein rehte hue meri weekend wali girlfriend ban chuka tha.

Matlab, roz-roz nahi, but jab mann kiya, bag pack kiya, doston ko uthaya aur chal diye Himachal explore karne. Par iss baar koi doston ka shor nahi, koi last-moment plan cancel nahi—sirf main, mera backpack aur ek ajeeb si excitement jismein thoda sa darr bhi tha.

Jab solo trip ka idea aaya, toh dimag mein sirf do cheezein thi:

1. Mujhe adventure chahiye.
2. Mujhe koi plan nahi banana.

Aur sach bolo, toh ye dono cheezein ek doosre ki dushman hoti hain! Kyunki jab plan nahi hota, tabhi adventure hota hai. Matlab, bas ek one-way ticket.

Yeh solo trip ki ek aur reason se special thi—budget. Matlab, jab Himachal doston ke saath jate the, tab paise jinke bhi hote the, mazza sab le lete the.

Ek aur interesting cheez—main lost hone ke 90% chances leke chal raha tha.

Kyunki zindagi mein ab tak Google Maps ka he sahara liya tha,

Der nahi karte, kahani yahin se shuru hoti hai...

Index

Chapter 1. Reels Se Real Tak – Ek Random Plan Ki Kahani ..2

Chapter 2. Ek Raat, Ek Bus Aur Ek Adhura Sapna 7

Chapter 3. Rumal Se Shuru, Twists Se Takraye! 14

Chapter 4. Govindghat Ki Yatra – Jab Solo Trip Bhi Group Ban Gayi! 18

Chapter 5. Lassi, Trek, Aur Boom! Adventure Mein Full On Dhamaka! 23

Chapter 6. Trek, Turban, Aur Thoda Stock Market Ka Drama! 26

Chapter 7. Trek Ki Kahani: Ghangaria Ka Safar Aur Aman Ki Speed!" 30

Chapter 8. Bhai, View Dekhna Hai, Ardaas Se Kya Matlab?! 36

Chapter 9. Adventure Aur Popat Dono Full Power Mein! 40

Chapter 10. Bus Toh Hai, Par Kal Subah Ki! 46

Chapter 11. Truck Wale Baba Ka Aashirwad 49

Chapter 12. Bhagwan Ka Avatar Ya Safar Ka Shikaar? 53

Prologue. Ek Backpack, Thoda Darr, Aur Mera Agla Safar! 57

Chapter 1. Ek Naya Safar - Spiti Valley Ki Kahani – Reels Se Real Tak 60

Chapter 2. Sasta Mutton, Expensive Experience Aur Solo Trekking Ki Kahani! 70

Chapter 3. Ek Subah, Ek Dream View Aur Budget Trip Ki Ultimate Planning!.. 78

Chapter 4. Bus Ka Dhoka, Manu Ki Entry, Aur Ek Gaon Jisme Sirf Ek Ghar Tha!.. 84

Chapter 5. Hostel, Chichim Bridge & Mera Snow Leopard Encounter... 90

Chapter 6. River-Side Camping Fail, Galaxy Ka Surprise, Aur Ek Unknown Spiti Festival Ki Entry!.............................. 95

Chapter 7. Spiti Festival, Manu Ki Dosti & Ek Corporate Slave Ki Wapsi!... 101

Chapter 1

Reels Se Real Tak – Ek Random Plan Ki Kahani

Pehle thoda intro ho jaye?

Naam se zyada important hai kaam, aur mera kaam hai ghoomna, bhatakna aur rastey khojna. Matlab ekdum certified solo traveler vibes! Par ye safar shuru kaise hua? Arey, jaise har youth ka koi bhi bada decision hota hai—Ek random Instagram reel dekh ke!

Ek din room pe late-late reels scroll kar raha tha, jab ekdum se ek Hemkunt Sahib ki reel dikhi. **Snow-covered pahad, ek shant sa Gurudwara aur ek vibe jo seedha dil pe lag gayi. Slow-mo shots, aesthetic views, aur ek banda jo life ka asli sukoon feel kar raha tha.**

Maine turant apne roommate ko dikhaya, aur poocha—

"Bhai, ye kahaan hai?"

Usne ekdum aalsi style me bola—

"Uttarakhand mein hai, duniya ka highest Gurudwara. Main 3-4 saal pehle gaya tha, apne gaon ke logon ke saath."

Fir kya? Woh apni purani kahaniyan sunane laga, aur main apni nayi kahani sochne laga!

Plan Banne Ka Matlab – Calendar Ka Hisab-Kitab

Ab man toh ban gaya tha, par calendar aur boss ka bhi toh mood check karna tha!

Maine fatafat calendar khola—aur dekha 13-15 August tak mast back-to-back chhuttiyan!

- ✓ 13 August – Saturday
- ✓ 14 August – Sunday
- ✓ 15 August – Independence Day (Desh ke naam pe trip bhi justified lag raha tha)

Bas ek-do din ki aur chhutti chahiye thi. Office mein tension leke gaya, par BOSS ne ekdum Bhagwan jaisa behave kiya—16 August ki leave approve!

Dil bola—Boss tujh mein Rab dikhta hai!

Bada Banda Wahi Jo Pehle Ticket Kataega,

Yaha ek dhamakedar baat reh gayi thi—Maine chhutti lene se pehle hi train ticket book kar liya tha!

Haan bhai, full confidence ke saath, bina kisi tension ke. Bas ek chhoti si "masoom si dikkat" thi...

Ticket confirm nahi thi, waiting!

Matlab safar ka suspense aur thrill dono ek dum free mil raha tha!

Railway wale ticket confirm karenge ya platform pe "Atithi Devo Bhava" wala experience milega—yeh suspense abhi baaki tha!

Safar Ki Planning – Ya Fir Bus Chhodne Ka Mazak?

Ab jaana toh tha… kisi bhi haal mein! Toh bas office se room tak aate jaate, phone screen pe travel websites ka full scan chalu tha.

Options Kya The?

Train? Waiting list!

Bus? Full ya bekaar timing!

Cab? Mil rahi thi, par price dekh ke laga ki trip se pehle kidney bechni padegi.

Par safar toh shuru karna hi tha na!

Toh maine finally ek bus book kar li—raat 2:30 wali, jo subah 8 baje Haridwar pahucha degi.

Aur bas… fir kya? Dil mein excitement, dimaag mein tension, aur backpack mein kuch lays ke packets…

Main nikal chuka tha apni life ke sabse adventurous trip par!

Roommate Ki Future Prediction – Bhai, Tu Laut Ke Nahi Aayega!

Jaane se pehle roommate ka ek deep philosophical statement aaya—

"Bhai, ye tere bas ki baat nahi hai. Tu wapas nahi aayega, ya toh ghum jayega ya sadhu ban jayega!"

Maine bhi ek dum dramatic Bollywood hero style reply diya—

"Agar wapas na aaya, toh samajh lena… kahin kisi pahaad pe free ki chai pee raha hoon!"

Roommate ka prediction sun ke mummy se baat karne ka mann kiya, par agar bolta ki solo ja raha hoon toh pehle dande se pitega, fir jaane nahi degi!

Toh bas ek chhoti si jhooti kahani banayi—

"Haan Maa, dosto ke saath ja raha hoon. Hotel bhi book kar liya hai."

Aur yeh jhooth ke saath, meri asli solo trip ki kahani officially shuru ho gayi!

Backpack Ki Struggle – Har Youth Ki Problem

Ab ek aur major struggle chal rahi thi—backpack me kya kya leke jaaun?

Backpack pack karne baitha toh pehle basics uthaye:

- ✓ Kapde – 3-4 din ke enough!
- ✓ Shoes – Ekdum trekking ke layak!
- ✓ Powerbank – Zindagi ka asli sahara!
- ✓ Lays – Kyunki pyaar aur bhookh dono unexpected aate hain!

Phir socha pahadon pe cold ho sakta hai, ek jacket dal loon. Uske baad aur packing chalti rahi, aur aakhri moment pe realize hua bag itna heavy ho gaya hai ki agar peeth pe baandh liya toh mujhe bhi Sherpa samajh ke log Mount Everest pe bhej denge.

Toh phir ek dumdar decision liya—Ek do cheezein nikal di, jo obviously wapas bag me rakh di gayi!

Chapter 2

Ek Raat, Ek Bus Aur Ek Adhura Sapna

Mann me tha ki raat 2:30 ki bus me mast baithunga, full AC sleeper, smooth journey…

Par jo asli scene tha, woh Instagram ke expectation jaisa bilkul nahi tha!

Raat ke 2 baje, Chandigarh bus stand par ek self-proclaimed Solo traveler mode mein khada tha. Backpack tight, aankhon mein adventure ki chamak, aur dil mein yeh soch ki "Bas ab toh zindagi badalne wali hai!"

Par yeh excitement bas tab tak thi, jab tak reality ka pehla thappad nahi laga— 2:30 ki bus abhi tak nahi aayi thi!

3:15 ho chuke the, lekin bus ka koi ata-pata nahi. Conductor bhai se poocha, toh uska jawaab ek dum IRCTC customer support jaisa tha— *"Bhaiya, bas aa rahi hai, bas 5 minute aur!"*

Mann mein ek doubt aaya: "Kahin maine 'bina bus wali bus' toh nahi book kar li?"

Phir 3:30 pe ek aisi rickety jo dhool-mitti se bhari sleeper bus aayi, jo dekh ke laga ki ye kabhi bhi engine gira degi. Ek uncle ne side se advice bhi de di—

"Beta, ye bus ja toh rahi hai, par wapas kab aayegi ye koi nahi jaanta!"

Mann me socha—Ab ya toh pahad dekhoonga ya phir news me aaunga—'Ek anjaan musafir, jo sirf reels dekh kar nikal gaya tha!'

Par bas kya... andar ghus gaya, apni seat pakdi aur dil me ek hi thought aaya—Yeh kahani ab shuru ho gayi hai, ab chahe jo ho jaye, yeh trip ek dum historic hone wali hai!

Driver bhaiya ne aankh maar ke bola, "*VIP sleeper hai bhai, full AC!*"

Maine ek second ke liye socha:

- *AC = Windows ka glass tut ke hawa aa rahi hai*
- *VIP = Seat ke neeche chips ke empty packets milna*

Par ab jo bhi tha, adventure ka shankh baj chuka tha!

The Great Indian Sleeper Bus Experience

Jaisa hi bus chali, maine turant apni "Backpacker Spirit" jagayi aur sleeper seat mein latpat ho gaya. Plan clear tha— ab bas sone ka natak karna hai!

Lekin yeh sleeper bus nahi, ek mobile earthquake simulator nikli!

Ek taraf uncle ke kharate Titanic ka sinking sound effect de rahe the, aur dusri taraf ek banda apne socks wali bio-weapon faila raha tha. Yeh combination ekdum free ka *"VIP Sleeper Headache Package"* tha.

Bas kuch der baad pehli horror moment aaya—bus ek speed breaker pe rocket ki tarah udi aur main apni seat se uchhal ke lower sleeper se upper sleeper par shift ho gaya—bilkul free mein!

Aur tabhi, mere neeche wali seat pe baitha ek bhai bola— *"Bhai, tune mera sapna tod diya!"* Matlab us bande ka dream sequence chal raha tha, aur main uske sapno ka villain ban chuka tha!

Upar se conductor bhai ne ek aur pro max level ka surprise diya—bus ka AC sirf ek hi jagah chal raha tha : **Mere Muh Pe!**

Matlab meri poori trip sleeper thi, lekin feel economy class wali aa rahi thi!

Subah Ka Naya Sawera, Ek Highway Ka Dhaba Aur Ultimate Bhookh!

Subah ke 7 baje, bus ek highway ke dhabe pe ruki.

Driver bhaiya ne announce kiya— *"10 minute ka break, jisko fresh hona hai, ho lo!"*

Main Usain Bolt mode mein bhaaga, jaise Olympic ka 100-meter sprint event chal raha ho—kyon ki bhookh lagi thi aur shakal bhi ek dum earthquake survivor jaisi ho chuki thi!

Ek chai, ek aloo paratha, aur saamne highway ka view—bhai, yeh moment ekdum "Zindagi Na Milegi Dobara" vibes de raha tha!

Lekin tabhi ek aur shock laga—washroom paid tha!

Bhai, budget trip pe nikle the, aur yaha washroom bhi IPO price pe mil raha tha!

Ek uncle ne bola, *"Beta, 10 rupaye extra lagenge, bucket bhi chahiye toh 20 rupaye aur!"*

Main bola, *"Bhai, mujhe bucket nahi, ek sponsorship de de!"*

Lekin majboori ka naam Mahatma Gandhi! 10 rupaye diye aur socha—future me travel influencer ban gaya toh yeh recover kar lunga!

Rishikesh – Jahaan Adventure Aur Tension Dono Free Mein Milte Hain!

Jaisa hi Rishikesh utara, pehli feeling?

Bhai, yaha ki hawa hi alag hai!

- Ek taraf pahadon ka fresh oxygen,
- Dusri taraf Ganga ka shaant flow,
- Aur ekdum spiritual vibes!

Chandigarh ki pollution wali life se toh yeh next-level detox lag raha tha.

Ab Govind Ghat tak pahunchne ka plan tha, jo yaha se 280 km door tha.

Lekin koi bus ya cab ka jugaad nahi mila.

Yeh toh ultimate "Bhai, ab kya karein?" moment tha!

Aur tabhi ek bhai aaya aur bola, *"Bhai, yaha se aage ka ride chahiye kya?"*

Main ek second me alert mode pe chala gaya—kahin fake travel agent toh nahi? Kahin 'Shortcut to Shri Hemkunt Sahib scheme toh nahi chal rahi?

Par jab baat suni toh banda bikewala ride offer kar raha tha!

Ab scene yeh tha ki main Rishikesh me tha, aur plan tha Govind Ghat pahunchne ka—kyunki yatra toh waha se shuru hoti hai na?

Lekin zindagi kehti hai: *"Bhai, tere plan se zyada important mera twist hai!"*

Yeh bhai sahab full "Bhai, main pahadon ka King hoon" mode me bole—

"Bhai, tu tension mat le, main tujhe best jagah chhodunga!"

Main bhi soch raha tha, "Chalo, ek ride experience bhi ho jayega!"

Bas fir kya, engine ghooma, clutch chhoda, aur hum hawa se baatein kar rahe the!

- Ek taraf valley ka 90-degree ka drop
- Dusri taraf ghanti bajate trucks
- Aur beech me main—jo bas life insurance policy yaad kar raha tha!

Aur jisme sabse zyada maza aaya? Har 2 minute me ek "Bhai, gir gaye toh?" thought aana!

Adhe ghante ki Turbo Mode riding ke baad, bhai sahab bole— *"Bhai, tu pahunch gaya!"*

Main full excited tha—soch raha tha ki Govind Ghat aa gaya hoga!

Par jab board dekha:

"Hemkunt Sahib Gurudwara"

Maine bola—"Bhai, yeh kya scene hai? Govind Ghat toh 280 km door hai!"

Bhai sahab: *"Arre bhai, Govind Ghat thode le kr ja skta, mai to kahi aur ja rha hu, par tu tension na le Asli yatra yahi se start hoti hai!"*

Matlab bhai ne mera full travel itinerary crash kar diya!

Main soch raha tha "Ek banda Zomato pe burger order kare, aur usko full wedding thali mil gaya.

Aur ab ekdum hopeless ho raha tha ki ab mai govindghat kaise jaunga achanak ek chhoti si dukaan dikhi!

Maine waha se ek rumal kharida—kyunki Gurudwara ke andar bina sir dhake entry allowed nahi hoti.

Lesson: Zindagi Ke 'Shortcuts' Kabhi Kabhi Mast Jagah Le Jaate Hain!

Plan kuch aur tha, par experience next level ho gaya!

Moral of the story? "Bhai, kabhi kabhi bina soche bhi cheezein better ho sakti hain!"

Ab Govind Ghat waapas jaane ka jugaad karun ya yahin se trek shuru karun?

Yeh toh agli kahani hai!

Chapter 3

Rumal Se Shuru, Twists Se Takraye!

Aree bhai, yeh trip koi normal trip nahi tha, yeh ek full on drama tha!

Jis dukan se maine rumal liya tha, wahan ka owner aur do ladke baat kar rahe the, toh mujhe laga, "Yeh dono bhi Hemkunt Sahib ke liye nikal rahe honge." Tabhi maine suna, unhone poocha, "Kitna din lagega, bus ki timing kya hai?" Arre yaar, yeh dono professional traveler lag rahe the. Mera toh pura mood hi bigad gaya—maine socha, "Mujhe toh sirf ek rumal aur bhukh ki dawa chahiye thi, yeh log planning kar rahe hain!"

Gurudwara Ki Shaanti Aur Langar Ka Prasad

- Ek taraf kirtan chal raha tha
- Dusri taraf Langar me garma-garam prasad mil raha tha
- Aur jo thandi hawa chal rahi thi, usne bike ride ka pura stress uda diya!

Jaise hi langar ka prasad khaya, laga "Bhai, yeh toh asli blessing hai!"

Ab ek chai pakad ke main beth gaya sochne—"Ab aage kya scene?"

Ab meri life mein ek twist tha—agar main next day tak wait karta, toh mera pura plan spoil ho sakta tha. Toh main gurudwara ke andar chala gaya, apni garmi aur frustration ko shanti mein badalna tha. Aur kya tha, main andar baith gaya, socha, "Yaar, ek din waste nahi kar sakta."

Ab aise waqt pe, apni jugaad wali skills ko bhi thoda jagana padta hai. Bahar gaya-khoja aur dekha ek jeep (sharing-cab) khadi hai, kuch log uske driver se baat kar rahe the. Maine socha, "Yeh kya scene hai?" Aur jaake pucha, "Bhai, kya yeh cab Govind Ghat jaayegi?" Driver bola, "Haan, par 10 log chahiye, tabhi hum niklenge."

Ab yeh 7 log already ho chuke the, aur humein 3 chahiye the. Ek ladke ne mere se poocha, "Aap kitne log ho?" Maine apni coolest look mein bola, "3!" Sab ke faces pe ek alag hi smile aayi, jaise koi lottery jeet gaye ho! Aur sabne apne luggage rakh diye, ready ho gaye. Aur yeh moment tha, jab mujhe laga, "Yeh trip full-on adventure ban gayi hai!"

Main turant gurudware waapas gaya aur un dono ko dekha jo registration kar ke bethe the—haan ye wahi the jo dukan ke owner se baat kar rahe the. Mera timing perfect tha—unhe dekha, pura confidence dikhate hue unke paas gaya, aur bola, *"Bhai, apne Govindghat jaana hai?"* Waise hi jaise Bajrangi Bhaijaan mein Munni apne haath utha ke jaise bulate hai—maine bhi apne haath utha liya!

Un dono ko laga, "Yeh kis duniya se aaya hai?" Aur bola, "Haan, jana hai, par kaise?" Maine bola, "Arre yaar

kaise waise chhodo, cab bahar khadi hai, bas ab niklegi!"
Phir hum teeno cab mein baith ke nikal gaye.

Toh, hum cab mein baith gaye aur 10-minute baad driver ne bola, "Ek stop lene jaa rahe hain." Main socha, "Abe, stop? Abhi toh chalna shuru kiya tha!" Kaha tha yeh stop? Bhai, ek aur banda aa gaya! Aur waise hi, humne aur logon ko apni journey mein shamil kar liya, jaise koi big Bollywood movie ho rahi ho. Driver ne bola, "Ab hum 11 ho gaye hain, to ab chal rahe hain!"

Ab samajh lo, ye cab ki journey kabhi bhi ek dull ride nahi thi. Har stop pe naye log shamil hote gaye, jaise koi game show chal raha ho.

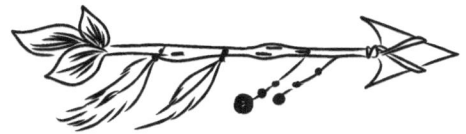

Chapter 4

Govindghat Ki Yatra – Jab Solo Trip Bhi Group Ban Gayi!

Solo trip ka apna ek alag swag hota hai. Banda sochta hai ki bas apni duniya, apne vibes aur apna travel ka mazaa! Par agar aap soch rahe ho ki meri trip ekdum shaanti se shanti Niklegi, toh bhai galat fehmi door kar lo! Yeh trip toh ek unexpected **blockbuster adventure** nikli, jisme **comedy, drama, dosti, thrill aur ekdum filmy twists** the!

Jab hum Govindghat jaane wali bus mein baithe, toh mujhe mili ek **VIP wali last seat** – jisme hawa bhi full speed se aati hai aur gaadi ke jerks bhi free mein milte hain!

Ab last seat ka apna ek alag hi maza hota hai. Yahan ya toh aap **pura safar hil hil ke gym wali vibes le lo**, ya phir kisi naye insaan se dosti ho jaye! Mere case mein second option select ho gaya.

Mere aas paas do bande baithe the – **Jatin aur Aman**. Aur coincidence dekh lo, **mera bhi naam Aman!** Matlab, yeh toh destiny ka sign tha ki hum teeno ek team banane wale hain! Bas ab ek aur Aman aur aa jata toh "Amans Ka Mahasangram" shuru ho jata.

Hum teeno ki conversations start hui ekdum basic level pe –

Jatin: "Bhai, akele aaye ho?"

Main: "Haan bhai, solo trip pe hoon."

Aman: "Govindghat pe ghar hai kya?"

Main: "Bhai, main yahan ka tour guide nahi hoon!"

Mujhe laga ki yeh dono mujhe **local banda** samajh rahe hain, aur ab mujhe yahan ka **Itihas–Geography** samjhana padega!

Ab safar lamba tha, aur pahadon mein jab thandi hawa lagti hai, toh **chai ki craving** ekdum level max ho jati hai. Hum sab bus mein ek dusre ko dekho aur ek hi emotion samjho – **"Chai chahiye boss!"**

Par driver sahab ka reaction jaise **government office ka babu** –

"Thoda aage rukenge… waha rukenge… abhi rukna possible nahi hai."

Aur hum **begging mode** pe chale gaye – "Bhai ruk jao, pleaseee!" Par driver ne bina kisi remorse ke **ignore** maar diya.

Ab yahan aata hai asli scam! Mujhe experience tha, toh samajh gaya tha ki **pahadi drivers ke fixed chai stops hote hain**.

Ab aap socho – 11 bande bus se utar ke chai, maggi, paratha order karenge… toh bill bhi mast banega! **Total bill se driver ko commission milega, aur driver ka**

apna khana free! Matlab pura **"Pahadi Mafia" system chal raha hai.**

Lekin yahan twist tab aaya jab **humare sath ek Sardarji bhi chillane lage – "Bhai ruk jaa, chai peene de!"** Ab driver bhi majboor ho gaya! Jaise hi gaadi ruki, hum sab ne **mission chai execution** start kar diya. Chai mili, zindagi ekdum sorted lagne lagi!

Chai pee kar hum bade maze se nikle. Thodi der chali gaadi aur ek **dangerous scene** saamne aaya – **road blocked!**

Ek **do-floor jitna bada pathar** road pe gira tha – **landslide!** Pura rasta band! **Aur twist yeh tha ki yeh landslide sirf 10 minute pehle hua tha!** Matlab, agar hum chai peene na rukte, toh shayad...

Ek second ke liye sab ek dusre ko dekhne lage –

"Bhai, hum bach gaye!"

Chai stop pe rukna ekdum **"Final Destination" movie ka reverse scene** ho gaya! Matlab ek cup chai ne **zindagi bacha di!**

Ab jab tak road clear ho, tab tak hum ne **bonding level upgrade** kar diya. Pehle jo stranger the, ab wo **apni team ban gaye!**

Shaam ke 8 baje Govindghat pahunche. Ab yeh raat ka trek possible nahi tha, toh maine suggestion diya –

"Bhai log, Gurudwara mein free stay milta hai!"

Hum sab Gurudwara ke counter pe gaye, **ID dikhayi aur room allot ho gaya!**

Jaise hi room mile, sabka reaction **"Boss, trip safe ho gayi!"**

Raat ko ghar pe video call lagayi –

"Maa, main safe hoon! Dekho, yeh mere naye dost hai!"

Ghar wale bhi khush ho gaye,

Jo trip ek simple **solo trip** hone wali thi, wo ek unexpected trio mein convert ho gayi! **Ek chai break ne humein bacha diya, aur ek ride ne naye dost de diye!**

Aur mujhe ek baat samjh aai –

"Solo trip ka asli maza tab hai jab aap unexpected logon se milo aur naye doston ke saath ek kahani likho!"

Chapter 5

Lassi, Trek, Aur Boom! Adventure Mein Full On Dhamaka!

Hum teeno ne socha ki thoda explore karte hain, toh market ki taraf nikal padey. Ye market Gurudwara ke paas tha, jahan hum rukey the, aur jahan thoda chill karna banta tha. Ab socho, hum ghumne jaa rahe the, par lassi ki craving se kaun bach sakta hai? Humne apni lassi ka order diya.

Lassi peene ka maja hi kuch aur hota hai, aur jab baatein chal rahi hoti hain, toh humari favourite activity toh hoti hai - "Plan karna, agle din kya karein." Jatin aur Aman ne full on planning kar li thi, jaise unke paas koi top-secret mission ho. "Bro, kal chalna hai trekking par, Hemkunt Sahib Gurudwara tak! Upar ek zabardast lake hai, waha dubki lagani hai, kam se kam 10-15 dubki lagayenge," Jatin ne apne mission ko announce kiya.

Aman ne bhi apni taqat dikhayi, "Aur bhai, thoda adventurous hona padta hai. Tum dono ready ho, na?" Mujhe laga yeh kuch zyada ho gaya, kyunki mai toh bas lassi peene gaya tha, ab yeh dubki waali baat kahaan se aa gayi?

Phir, ek banda jo humare paas baitha tha, usne yeh suna aur apna experience share kar diya. "*Bro, sochna mat.*

Main abhi upar se laut ke aaya hoon, aur maan lo yaar, maine bhi waha dubki lagayi thi, lekin mujhe oxygen ki kami ho gayi thi, saans lene mein problem!"

Ab humare chehre pe tension aa gayi thi. "Yaar, woh lake 15,000 feet ke upar hai, temperature -4°C, aur paani direct glacier se aa raha hai, Aur toh aur, oxygen toh waise hi kam hoti hai waha, ek do dubki lagana hi best option hai. Toh jab tak zindagi hai, chill maaro, aur ek do dubki lagao, phir wapis aa jana," usne humein kaafi 'pyar se' samjhaya.

Humne socha, "Arre yaar, apni jaan bhi toh important hai!" Toh humne usse shukriya bola aur nikal padey. Par phir life ne kuch aur hi plan kiya tha. Raaste mein ek shop dikh gayi, aur wahan ek speaker tha.

Bhai, jab usne sound lagayi, toh humari life ka max volume hit ho gaya. "Boom!" speaker ka naam hi itna catchy tha, ki humne socha, "Yeh toh lena banta hai!" Chota packet, bada dhamaka!

Aur phir humne ek thodi si negotiating skill dikhayi, "Bhai, yeh speaker de do, rent pe." Man kar raha tha ki speaker uthaye aur poore market ko apni presence dikhaye, par abhi bas chill karna tha.

Phir, ab hum thoda relax ho kar apne room ki taraf chal diye.

Chapter 6

Trek, Turban, Aur Thoda Stock Market Ka Drama!

Toh humne alarm set kiya tha 4 baje ka, soch kar ki jaldi uthenge aur trek par nikalenge. Lekin alarm ki awaaz sunte hi, maine socha, "Yeh main kaha aa gaya hoon?" Solo trip ka plan tha, aur ab ye full-fledged group trip ban gaya! Mere saamne Jatin aur Aman the, dono apni life mein serious business kar rahe the, aur main apne aap ko "adventure junkie" samajh raha tha.

Toh, subah uthkar sabne apne respective "fresh hone ke rituals" ko follow kiya. Aur phir, hum teeno puri energy ke saath trek ke liye ready ho gaye.

Ab trek ki planning thodi complicated thi. 20 km ka trek tha, lekin humare paas ek golden ticket tha—shortcut! Aur yeh shortcut kisi expensive trekking kit ka nahi tha, bas 50 rupees mein! Humne ek doosre ko dekha jaise kisi ne humare liye jackpot khol diya ho.

Agar hum shortcut lete, toh hum 3-4 km ki extra tension se bach jate! Bina sochhe humne taxi mein jump maara aur 50 rupees mein apna shortcut le liya. Jaise stock market mein "entry points" dekhte hain, waise humne apna "shortcut entry point" pakad liya!

Taxi mein baith ke baatein chal rahi thi. Jatin aur Aman ki baatein sunke toh main soch raha tha, "Yeh toh stock market ki meeting lag rahi hai!" Aman ne bola, "Bro, kal humein equity investment pe discuss karna hai." Jatin ne turant reply kiya, "Pehle toh trek complete kar, phir baat karte hain mutual funds pe!"

Mujhe laga, "Yeh trip jo maine apne aap ke liye plan ki thi, yeh ab kisi stock market ki tarah chal rahi hai – kabhi up, kabhi down, par ek ultimate target ke saath!"

Hum finally pahuch gaye jaha trek start hona tha. Ek bada sa board tha "Hemkunt Sahib - 16 km" likha hua. Hum sab thoda excited the, lekin phir sab ne realize kiya ki yeh jo 16 km ka track tha, yeh kisi marathon se kam nahi tha! Toh, humne decide kiya ki thoda break lete hain, aur samne wale dhabe se ek badiya si chai piyenge.

Ab humare mann mein kuch aur hi tha, toh humne pet pooja karne ke baad socha, "Chalo, thoda local style mein bhi kuch karte hain!"

Toh Aman aur Jatin ne decide kiya ki unhe turban bandhna hai, bilkul Sikh community style mein! Fir maine socha, "Chalo, ek baar yeh bhi try kar lete hain. Ab hum teeno ne apne sir pe 3 meter wala mini turban bandh liya. Agar aapko lag raha hai ki hum kisi temple ke priests lag rahe the, toh aap bilkul sahi soch rahe hain!

Ab Aman ko ek aur zabardast idea aaya. Usne bola, "Yaar, mala pehenta hoon, thoda spiritual feel aayega." To humne socha, "Agar turban ke saath mala bhi laga diya, toh hum apni spiritual selfie zaroor click karenge!"

Bas fir kya tha, Aman ne ek badi si mala apne gale mein daal li, aur ye spiritual guru ke jaisa feel kar raha tha!

Chapter 7

Trek Ki Kahani: Ghangaria Ka Safar Aur Aman Ki Speed!"

Toh yaar, ab hum trek pe the, aur ekdum mast vibes chal rahi thi. Tabhi maine casually pucha, "Bhai, ye trip plan kaise hui? Matlab, ye idea aaya kahan se?"

Jatin ek dum serious face banake bola, "Bhai, asli plan toh kuch aur tha! Main ek aur bande ko leke aane wala tha—uska naam tha Nitesh. Hum tino Bullet se nikalne wale the.

Mujhe laga, 'Wow, kya solid plan tha!'

Par "Bhai, Nitesh last moment pe drop ho gaya! Koi personal reason tha uska, aur humara Bullet plan ud gya hawa mein!

Toh phir humne Rishikesh ka plan banaya aur randomly Instagram pe ek reel dekhi Shri Hemkunt Sahib ki... bas wahi se inspiration mili!"

Main ek dum excited ho gaya, "Bhai, maine bhi ye trip ek reel dekh ke plan ki thi!

Matlab, sirf hum nahi, poora Instagram hamari zindagi control kar raha hai!"

Phir Aman bola, "Bhai, Rishikesh Gurudwara ke bahar ek dukan wale se hum puch rahe the ki Shri Hemkunt

Sahib tak pahunchne mein kitna time lagega. Woh keh raha tha kam se kam 6-8 din lagenge! Toh hum dono toh turant disappointment mode mein chale gaye! Lekin fir tu aaya aur trip possible ho gayi!"

Jatin bola, "Haan bhai, sach bolu toh hum toh wapas jaane ka soch rahe the, par tu kaise aaya? Matlab, tujhe kaise pata chala ki hum bhi jaana chahte the?"

Main ek dum James Bond style mein bola, "Bhai, jab tum log us dukan wale se baat kar rahe the, main bhi wahi tha! Bas farq itna tha ki tum log planning kar rahe the aur main rumal kharid raha tha!"

Dono ek dum shocked, "Matlab, tu pehle se wahi tha?"

Maine haan mein sir hilaya, "Aur jab mujhe pata chala ki cab tabhi chalegi jab 3 bande honge, toh bas maine tum dono ko dhoondhna start kar diya! Aur dekho, ab hum log ek sath safar kar rahe hain!"

Ek dum movie wala dramatic moment ho gaya!

Tabhi Jatin ke phone pe ek call aaya—Nitesh ka! Woh bhi full Josh mode mein tha, "Bhai, mujhe ek aur Aman mil gaya hai trip pe! Pakka dost ban gya!"

Aur phir kya tha, ekdum stock market mode on ho gaya! Nitesh lag gaya ki kaun sa share lena hai, kaun sa bechna hai…

aur idhar main soch raha tha ki yaar mere paas toh salary ke baad sirf itne paise bachte hain ki bas ghoom saku! Investment naam ki cheez mujhe samajh nahi aati!

Aur yahin pe ek realization aaya—Safar sirf jagah dekhne ka naam nahi hai, safar wo hota hai jo tere dimaag ki batti jala de!

Matlab, ek taraf main travel kar raha tha, aur doosri taraf mujhe apni financial life ka bhi bhoot chadh raha tha!

Bas yeh trip sirf adventure nahi thi, ek lesson bhi thi—ek taraf paisa kaise kamaayein, doosri taraf zindagi kaise jeeyein!

Aur humari next destination thi Ghangaria, jo 10 km door thi. Aur hum ab tak 5 km bhi theek se nahi kar paaye the!

Jaise hi hum chalna shuru karte hain, apne speaker pe ek dum chill wale songs laga dete,

Ab doston ke saath trek karte hue agar masti na ho toh trip ka maza kahan!

Har 2 minute baad ruk kar dance karte,, aur bas energy consume kar rahe the! Ek aur thing—maggie, chai, aloo ke parathe!

Yes, humne poora trek apne "foodie" instincts ke saath explore kiya. Ek point pe toh lag raha tha ki hum trek kar rahe hain ya food review kar rahe hain!

Aise hi rukte rukte, 2 baje ke baad hum Ghangaria pahuch gaye.

Ab options thhe: ya toh 6 km aur badh kar upar Hemkunt Sahib Gurudwara pahuchna, ya phir Ghangaria mein ruk jaana aur next day continue karna.

Mera pehla trek tha aur thoda sa "over it" feel kar raha tha. Lag raha tha ki yeh trekking life meri liye nahi thi.

Lekin Aman aur Jatin waise bhi full-on energizer bunnies ban gaye the. Aman jo tha, uska lag raha tha ki yeh pahad nahi chadh raha, ulta utar raha ho..

Matlab, iska energy level jaise battery charger se bhi zyada tha! Main soch raha tha ki isse chhod ke "rest mode" mein chala jaoon, par Aman? Bhai, Aman toh full speed mein jaa raha tha. Jaise yeh koi race kar raha ho,

Main thoda ruk gaya tha, aur dono ko bola, "Yaar, mujhe lag raha hai ki main yeh trek finish nahi kar paunga, tum dono jaao, main yahi rukta hoon." Jatin ne mujhe dekha aur bola, "Yaar, agar tum nahi milte na, toh hum yeh trip puri tarah nahi kar pate.

Tumhare saath aa ke hi hum yaha tak aaye hain." Mera dil full dil se touch ho gaya, yaar! Jatin ka support mil gaya tha.

Lekin Aman, yeh banda alag hi level ka tha! Wo rukne waale nahi tha, jaise wo rocket ki speed se bhaga jaa raha ho! Main samajh gaya tha ki yeh banda kisi bhi ruke hue mission ka part nahi banne waala.

Phir humein pata chala ki Gurudwara ki entry 3 baje ke baad band ho jaati hai. Aur hum 2 baje ke aas paas pahuch gaye the.

Yaar, trek pe oxygen ka level low ho jaata hai, aur yeh Gurudware waale bhi time ka dhyan rakhte hain! Humne socha, "Aman ko call karte hain, aur bataate hain!"

Jaise hi humne call kiya, Aman ne apna full philosophical side dikhaya aur bola, "Bhai, mujhe bas view dekhna hai. Entry band ho gayi ho toh koi farak nahi padta!" Main soch raha tha, "Yeh banda apni life mein bas adventure aur masti chahta hai!"

Toh humne socha, "Yaar, yeh Aman kabhi na sudhrega!"

Ab, jab hum dekh rahe the, waisa lag raha tha ki hum kisi popular political rally ka part ho, jahan har koi hume dekh kar ghur raha ho!

Ek bande ne to ek dum ghur ke bola, "Bhai,yeh jo banda hai, wo specs waala, uska kya scene hai?" Humne socha, "Bhai, yeh wo banda hoga jo speaker ke saath hai.?"

Banda bola, "Haan, wahi! Usse sab mana kar rahe hain, lekin wo sunne ko tayar nahi hai!

Chapter 8

Bhai, View Dekhna Hai, Ardaas Se Kya Matlab?!

Ab Aman wapis aa chuka tha, full dramatic entry ke saath! Aate hi ek dum attitude maarte hue bola, **"Bas tum dono ke wajah se wapas aaya hoon"**

Matlab bhai, banda aise keh raha tha jaise isne apna Everest Summit cancel kar diya ho sirf humari dosti nibhane ke liye!

Hum dono (main aur Jatin) ek dusre ko dekh rahe the ki **"Bhai, yeh banda apni kahani me heroic scene likh ke aaya hai!"**

Phir Aman ne apni kahani sunani shuru ki—jo frankly speaking, ek solid **Bollywood adventure-comedy script thi**!

"Bhai, upar pahuchte hi sab mana kar rahe the ki Gurudwara ki entry band ho chuki hai, lekin main bhi apni zidd pe atka raha!

Utne mein ek aunty aayi aur bola, 'Beta, last ardaas bhi ho chuki hai, kal jana, ab sab log laut rhe hai!'"

Aman ne full confidence me reply maara, **"Aunty mujhe ardaas se koi lena dena nahi, mujhe toh sirf view dekhna hai, bas!"**

Bas phir kya tha, aunty ne Aman ki **pagdi aur mala** dekh kar assume kar liya ki ye banda Sikh hai.

"Sikh ho ke aise baat karte ho?! Tumhe toh sabse pehle ardaas ka respect karna chahiye!"

Aman ne bhi full filmy tareeke se pagdi utaari, mala hatai aur ek dum innocent face bana ke bola, **"Kaun Sikh? Main toh nahi hoon!"**

Jis tareeke se wo aunty aur unke saath khade uncle ne mujhe dekha na, mujhe toh laga ki ab **prasad ke saath thappad bhi khaunga!** Bas, maine situation bhap li aur waha se full speed me bhaag liya,

Aman ki ye kahani sunte hi, main aur Jatin literally **chai thukne waale the hass hass ke!** Matlab, banda pahad chadne nahi gaya tha, adventure movie ka **villain ban ke aaya tha!**

Kher, hum teeno ne ek final chai pee aur **Ghangaria Gurudwara pahuch gaye**, thoda relax hue aur ek **masterplan banaya:**

"Subah 4 baje uthke next 6 km ka trek pura karenge aur finally Hemkund Sahib pahuchenge!"

(**Reality Check:** Kaun subah 4 baje uthta hai trek pe?! Par haan, motivation high tha abhi.)

Ab raat ho chuki thi, thakaan full level pe thi, toh **room le liya taaki kal ke trek ke liye rest mile.**

Phir **main aur Jatin market ghoomne nikal pade, full pahadi vibes lene!** Humne socha **lassi peete hain** because thakaan ke baad ekdum refreshing lagegi. **Lekin Aman?**

Aman ne full **Nawabi style me kambal lapet ke announce kar diya: "Thand hai bhai, main kahi nahi ja raha!"**

Matlab, trek pe aaye the **adventure ke liye** ya yaha **room service enjoy karne?!**

Mujhe aur Jatin ko bhi laga ki haan, thand me lassi ka scene risky hai, toh ek better option dhoondha— **dry fruits wala full cream doodh!**

Aur bhai, kya hi swaad aaya! Matlab, lag raha tha ki pahad me nahi, kisi **royal Darbaar** me baith ke doodh pee rahe hain!

Fir hum dono wapas room aaye, **alarm set kiya (jo ki obviously sirf formality thi, kyunki uthna phir bhi late hi hona tha!),**

Chapter 9

Adventure Aur Popat Dono Full Power Mein!

Jo Josh-e-Jawani me subah 4 baje uthne ka plan banaya tha,

Woh asli zindagi me utna hi difficult tha jitna Monday morning pe bina snooze ke uthna!

Par kya karein, trek bhi complete karna tha aur swag bhi dikhana tha!

Aankhein band, dimag band, par dil me adventure ka junoon!

Bas chadh gaye Hemkunt Sahib ke ultimate trek pe!

Bhai, trek pe jaate hi laga ki hum kisi Netflix ke high-budget survival show ka hissa hain!

Glacier, Baarish, Waterfall, Slippery path, Oxygen ki kami

Matlab jo bhi ho sakta tha, sab ek saath ho raha tha!

Aur hamari haalat Bigg Boss ke contestants se bhi zyada survival mode me thi!

Jaise jaise height badhti gayi, humari himmat kam hoti gayi!

Upar se thand ne to hamari ego ki bhi watt laga di!

15,000 feet pe pahunchte-pahunchte thand apni maa-behen ek kar chuki thi!

Bhai, yaha monsoon time pe Oreo biscuit bhi freeze ho jaye!

Par ek baat confirm thi—Hemkunt Sahib ka view ekdum cinematic tha!

Matlab Instagram pe reel banane walo ke liye full paisa wasool jagah!

Aur waha lake dekhte hi hamare andar ka Sunny Deol jag gaya!

Humne socha—

"Bhai, ek dubki to banti hai!"

Jaise hi paani chhua, dimaag ki RAM crash ho gayi!

Paani itna thanda tha ki duniya bhar ke ex yaad aa gaye!

Jatin aur maine full Josh me 5-6 dubki laga di!

Aur ek banda jo trek ke shuru hone se lekar Gurudwara tak full gyaan de raha tha ki "Main to full snan karunga!"

Haan bhai, Aman!

Uska jo face tha na, ekdum aise laga jaise koi ladka GF ke ghar pe pakda gaya ho!

Ek second pehle full confident, ek second baad poori hawa tight!

Bhai, jaise hi usne paani me paon dala, uski zindagi ka confidence wapas backpack me chala gaya!

Bas sir pe paani daala aur bola—

"Main sudh ho gaya!"

Matlab bilkul fattu!

Fir iske baad Gurudwara me baithe, ardaas suni, aur kambal lapet liya.

Matlab ab lag raha tha ki trek complete ho gaya, ab bas zindagi safe hai!

Par yaha tension de gaya oxygen level!

Yaha 3-4 log beech trek me behosh hote dikh gaye!

Matlab bhai, pahaad ka adventure ek taraf aur life ka survival ek taraf!

Turant decide kiya ki ab bina late kiye seedha Rishikesh nikalna hai!

Koi aur panga nahi lena!

Ab full speed me 16 km ka downhill trek complete karna tha!

Ab wapas trek pe hum full speed me chalte ja rahe the! Tabhi ek Sardar uncle aake mujhe aur Aman ko pakad liya!

Bhai ekdum Border movie ka scene lag raha tha!

"Bhai, kya gunpoint pe pakda gaya? Koi sawaal nahi!"

Aur bina kuch bole jabran hume ek dhabe ke andar le jane lage!

Main, Jatin, aur Aman ek dusre ko aise dekh rahe the jaise Udaipur ka tourist auto wale ke trap me phas gaya ho!

Hum full shock mode me!

Aman ka to pura FBI detective mode on ho gaya—

"Bhai, ye humse kya karwa rahe hain? Humne kya galti ki?"

Aur phir Uncle full Punjabi feels me bole—

"Bhai, pranthe kha lo! Bhai ji, ye lo dahi, butter bhi le lo! Chai lo, kuch aur chahiye?"

Hum: *"Nahi uncle, hume bas nikalna hai!"*

Uncle: *"Nahi ji, aap kha ke jaoge!"*

Hum: *"Par uncle, paise nahi dene!"*

Uncle: *"Paise kis baat ke? Ye langar hai!"*

Ab yaha humara dimaag ekdum reboot ho gaya!

"Langar? Yeh to dhaba lag raha hai bhai!"

Aur tabhi Aman full The Family Man mode on karke waiter se confirm karne laga—

"Bhai, free hai na? Kahin baad me paise na maang lo!"

Bhai, waha to ek ek pranthe 150 ke mil rahe the, aur koi humse free kaise khilane lag gaya?

Upar se kuch log counter pe paise bhi de rahe the! Matlab confusion level max!

Maine uncle ki aankhon me dekha, aur tab samjha ki bhai ye bande dil se seva kar rahe hain!

Phir hum full confidence se baithe, pranthe-chai full enjoy ki, aur uncle ko sorry + thank bol kar nikal pade!

Aman phir bhi exit gate pe ruk ke last check kar raha tha—"Bhai confirm free tha na?"

Bas bhai, aisa free khana pehli baar mila!

Trek complete karne ke baad sabse bada reward tha— Langar ka garam-garam khana!

Ekdum swarg ka prasad!

Bas ab nikal kar Govindghat pohochne he wala tha.

Jaise hi Govindghat Gurudwara pahuche, raat ko full thakaan mode me bas gaye!

Subah uthte hi Rishikesh ki tayari shuru!

Par asli thrill to ab shuru hone wala tha!

Chapter 10

Bus Toh Hai, Par Kal Subah Ki!

Hum Govindghat ki road pe aa gaye, **par koi bhi gaadi nahi mil rahi thi!** Aur bhai, **agle din office report karna tha, warna boss ki taraf se "special love letter" milta!**

Tabhi **road ke uss taraf ek signboard dikha— Badrinath 30KM!** Ab humne apni **Mathematician wali soch lagayi—30KM = 30-40 min! Waha darshan me 1 ghanta, fir waha se direct bus milegi, aur bas apun set hai!**

Ek shared taxi mili, baith gaye aur **seedha Badrinath!** Bhai, raste ekdum **Zindagi Na Milegi Dobara** wale the—**ek taraf pahad, ek taraf gehraai, aur beech me humari jaan!**

Ab Badrinath pohch ke pata chala ki waha **hot spring (garam paani ka kund) hai!** Bas fir kya, hum teenon ekdum **chhote baccho ki tarah kood pade! Ek dum royal spa wali feel aa rahi thi,** lekin us excitement me ye bhool gaye ki **bhai darshan bhi karne aaye hain!**

Jaise taise naha-dho ke **Baba ka darshan kiya** aur seedha bus stand pahunche.

Conducter: **"5 baje bus hai."**

Hum: **"Bhai, ekdum perfect timing! Ticket de do!"**

Conducter: **"Abhi nahi, next day subah 5 baje!"**

Bhai, **aankho ke saamne andhera aa gaya!** Matlab **humari 5 baje wali bus kal subah ki thi?!** Ab kya karein, **koi aur gaadi bhi direct available nahi thi!**

Tabhi ek cab driver mila, jo 9,000 maang raha tha! Bhai, **itne me to hum ek do aur trip kar le!**

Tabhi ek dusra banda bola, **"Bhai, 100 rupaye me, main tumhe Joshimath tak chhod dunga. Waha se bus mil sakti hai!"**

Bas, hum baith gaye! **Joshimath pohch gaye, par waha bhi koi bus ya cab available nahi thi!**

Ab bhai **thakaan se dimaag bandh ho raha tha, chocolate aur biscuit le kar energy refill ki!**

Maine mazak me bola, **"Yaar, agar koi truck mil jaye na toh truck se hi Haridwar nikal lein!"**

Tabhi **piche se ek awaaz aayi**—"Kaha jaana hai truck se?"

Chapter 11

Truck Wale Baba Ka Aashirwad

Jab ek banda piche se aawaaz lagata hai, "Kaha jaana hai truck se?" Toh maine bola, "Uncle, bas Haridwar tak poch jaye kal subah tak. Bus mil nahi rahi."

Uncle ek dum filmi tareeke se kehte hai, "Mere peeche aao." Aur hum teeno, jisme se ek (Jatin) abhi bhi apne phone ki charging ki chinta kar raha tha, bag uthaye uske peeche ho liye.

Tabhi uncle batate hain ki do truck available hain—ek saman se bhara hua aur dusra jo bilkul khali hai, jisme gadde pade hain. Matlab full luxury sleeping arrangements!

Tabhi Jatin ne apni hamesha wali demand rakhi, "Uncle, charging facility milegi kya?"

Maine socha, bhai, iss bande ka yeh phone har musibat se bada hai kya?

Uncle ne thoda soch ke kaha, "Aage wale truck ke driver cabin mein jao, waha charging point mil jayega."

Par Jatin ne charging skip kar di, kyunki truck ki thand aur gaddon ka sukoon zyada important ho gaya tha.

Hum truck pe latke, lekin need aani toh dur, truck ki speed aur road ki condition ne hume Rollercoaster wali feeling di. Upar se wo truck wale gaane, jo na remix the, na original—bas ek alag hi duniya thi.

Achanak truck ruka, ek jagah pe khada ho gaya. Pehle toh laga ki "Bathroom Break" hoga, par jab ek ghante tak truck wahi ka wahi raha toh hum bhi utar aaye.

Bhai sahab! Jo scene dekha wo zindagi bhar nahi bhoolenge.

Jo truck humse aage tha, wo sidha khai mein!

Haalat tight ho gayi. Pahadon pe aise scenes sirf movies mein dekhe the, aaj real life mein ho raha tha.

Jatin ek dum serious mode mein bola, "Acha hua maine phone charge karne uss truck mein nahi gaya."

Ek second ke liye laga ki yeh banda gratitude practice kar raha hai ya sarcasm?

Jaldi pataa chala ki driver aur do aur log truck se safely nikal aaye the. Truck gaya bhaad mein, sab log safe the, toh humne bhi relief ki saans li.

Ab wapas apne truck mein chadh gaye. Subah ke 6 baje truck khuli aur kya dekha? Wo bus jo Badrinath se 5 baje nikli thi, wo bhi hume peeche se follow kar rahi thi.

Matlab humne itna struggle kiya, suspense movie jaisa ek scene dekha, aur ab bhi hamari speed bus se slow thi?

Duniya insaaf nahi karti, bhai!

Tabhi ek naye revelation ka pata chala—Truck wale cabin mein ek ya do nahi, 9-10 log fit ho sakte hai! Matlab carpooling ka truck version chal raha tha.

Bas fir kya tha, hum bhi aage driver ke saath baith gaye, aur truck wale full volume pe apni "exclusive" playlist bajane lage. Yeh gaane kisi bhi normal gaane se itne alag the ki Spotify bhi inhe shayad accept na kare.

Kisi tarah shaam tak Haridwar pahunche. Bhai, woh moment aisa tha jaise border cross karke safe zone aa gaye ho.

Ab unhe station jaana tha aur mujhe bus stand. Meri bus pehle thi toh Jatin aur Aman mujhe see-off karne aa gaye. Ek emotional moment aane wala tha...

Chapter 12

Bhagwan Ka Avatar Ya Safar Ka Shikaar?

Jaise hi main cab se utar kar bus lene ke liye ready hua, tabhi Jatin bola, "Bro, ek trip ki last selfie le le? Yeh moment yaadgaar hona chahiye!"

Maine bhi socha, "Haan haan, kyun nahi? Yeh bhi koi poochne wali baat hai?"

Phone nikala, angle set kiya, aur ek mast selfie click ki. Jaise hi click ki, Aman ekdum serious mode mein bola, "Bro, mujhe aisa kyun lag raha hai ki jab hum yeh photo dekhenge toh tu gayab hoga? Jaise tu kabhi tha hi nahi?"

Mujhe laga banda deep soch raha hai, shayad trip ke impact se philosophical mode mein chala gaya hai. Par phir woh aage bola, "Nahi seriously bhai, mujhe lagta hai tu Bhagwan hai!"

Maine kaha, "Kyaaa?? Tu theek hai bhai? Yeh trek pe oxygen kam ho gayi kya?"

Aman bola, "Bhai, soch! Tune hume trip pe lead kiya, har situation ka solution diya, ek ek raste pe guide kiya, warna hum toh pehle din hi wapas lot chuke hote! Yeh insani harkatein nahi hain!"

Jatin ne bhi full support maar diya, "Sahi bol raha hai bhai! Tu insaan nahi, tu Bhagwan hai! Humare liye iss trip ka Krishna, iss safar ka Hanuman, aur adventure ka Shiva tu hi hai!"

Ab main samajh nahi paa raha tha ki yeh log mazaak kar rahe hain ya sach mein mere andar koi divya shakti dekh li hai! Lekin jo next scene hua, usne toh mujhe bhi shock kar diya!

Dono mere pair chhoone lage! Pehle toh maine socha chhodo, mazaak kar rahe hain, par tabhi cab wala bhi bahar aaya aur usne bhi pair chhoo liye! Bhai yeh kya ho raha hai?!

Yeh toh asli Bhagwan-wala treatment ho gaya! Mujhe toh laga ab koi aarti nikalne wala hai aur phool barsane lagega!

Main shock mode mein chala gaya! Ek taraf yeh log mujhe Bhagwan maanne lage the aur doosri taraf main khud confused tha ki kya maine waaqai kuch extraordinary kiya hai?

Matlab haan, thoda plan manage kiya, par iska yeh matlab nahi ki main direct Bhagwan declare ho jaaun!

Maine bola, "Bhai kya kar rahe ho? Utho utho, main normal banda ho!

Par nahi! Yeh log maanne ko tayar nahi the!

Main toh bas ye trip experience kra hu wo bhi tumlogo ke sath mai, aur tum log mujhe mythology ka ek naya character bana rahe !

Waha ek dramatic background music missing tha bas!

Main, Jatin, aur Aman ek doosre ko dekhte hain… ek dusre ki aankhon mein anjaane sawaal hain… par jawab kisi ke paas nahi… aur tabhi hum teenon apne apne raste nikal padte hain…

Prologue

Ek Backpack, Thoda Darr, Aur Mera Agla Safar!

Matlab ab main officially solo traveler ban gaya hoon? Kyunki ek baar jo aadmi solo trip pe chala jaye, uska dimaag ya toh aur trips plan karega ya fir ghar walon ke lectures sunega—mere case mein dono ho raha tha!

Pehle trip ki kahani aapne padhi, jitna maine adventure kiya, life jee, Himkunt Sahib ki wo thandi hawa aur wo trek ka dhamal! Par bhai, kabhi socha hai ki kisi bande ke dimaag me solo trip ka idea aata kaise hai? Matlab, pehle toh apna standard thought process yahi hota hai— "Bhai doston ke bina maza kaise aayega?" Par kabhi kabhi, inspiration bhi ajeeb jagahon se milti hai.

Meri inspiration? Office ki Priyanka! Haan bhai, wo jo har Monday apne treks ki kahaniyaan sunati thi, jismein wo ya toh kisi pahad se latak rahi hoti thi ya kisi jungle ke beech mein camping kar rahi hoti thi!

Main office desk pe files ke beech uljha hota, aur uska laptop screen pe khula hota— snow-capped mountains, adrenaline-filled solo treks aur ek aisi zindagi jo ekdum film wali lagti thi!

Bhai, ek din bas dimag ki batti jali—"Abe, maine itni trips doston ke saath kari hain, ek baar solo try karke dekhte hain!" Aur bas fir, Himkunt Sahib ki kahani shuru ho gayi. Ab jo experience waha mila, wo aapne pehli kahani me padha hi hai— Matlab, Hemkunt ka trek nahi, full-fledged Bollywood adventure film ban gaya tha!

Aur phir kya? Ek baar jab solo ka nasha chadh jaye na, toh mann karta hai ki bas backpack uthao aur nikal lo!

Par sawal yeh tha—Ab kahan jaayein? Matlab, agla safar kaunsa ho? Wapas reels ka asar hoga ya is baar koi aur factor kickstart dega?

Aur bhai, agar soch rahe ho ki agli trip bhi normal hone wali hai, toh abhi se tayar raho kyunki zindagi ekdum unpredictable twists se bhari padi hai!

Toh seatbelt baandh lo, backpack tayar rakho, kyunki yeh kahani shuru hoti hai… ek naye safar se!

Chapter 1

Ek Naya Safar - Spiti Valley Ki Kahani – Reels Se Real Tak

Ek normal din... wahi 9-5 ki corporate majdoori, wahi laptop ka screen, wahi chai ki mug, aur wahi "kal se gym start karunga" wale jhoothe sapne. Matlab life ekdum robotic mode pe chal rahi thi—subah uthna, kaam pe jaana, boss ki "urgent hai" wali mails dekhna, aur shaam ko ghar aake sochna ki yaar kuch exciting karna chahiye... par fir bhi wahi repeat mode on!

Lekin bhai, jab insaan ka dimag bore hone lagta hai na, tab ya toh wo job change karta hai ya fir trip plan karta hai. Aur mujhe toh apni job se zyada apne Instagram par bharosa tha—jo mujhe bas "best adventure places" dikhati thi.

Fir kya, ek aur Instagram reel meri zindagi badalne aa gayi!

Reel Dekhi, Dil Mein Halchal Hui

Iss bar reel thi **Key Monastery** ki! Bhai, pehli nazar mein toh laga ki yeh India hai bhi ya nahi? Matlab aise views toh **National Geographic** ya **"Jindagi Na Milegi Dobara** mein bhi nahi dikhte hain.

Ekdam dream destination vibes! Fir kya, full FBI mode on kar diya aur Google pe search kiya— **Spiti Valley, Himachal Pradesh!**

Ek second ke liye shock laga ki bhai, Himachal toh kitni baar ghoom chuka hoon, par yeh Spiti ka naam toh sirf suna tha, explore kabhi kiya hi nahi. Matlab Himachal ke har chai wale ki dukaan tak jaa chuka hoon, par yeh place mere Google Maps history me bhi nahi aaya tha! Toh bas, seedha dimaag ne ek hi cheez boli—**"Ab toh jaana hi hai!"**

Par Iss Baar Trip Ka Plan Thoda Alag Tha!

Pehli trip solo thi, yeh bhi solo hone wali thi, lekin thoda upgraded version. Kyunki iss baar sirf tourist mode on nahi karna tha, **solo camping** ka asli adventure try karna tha!

Par sabse bada challenge—**CHHUTTI KAHAAN SE LAUN?**

Matlab bhai, hum corporate majdoor jo hain, humare liye trip plan karne se zyada bada task hota hai **leave approve karwana!** Boss se leave maangna matlab **Sholay ke Thakur se pistol maangne jaisa hai— "Nahi milegi, matlab nahi milegi!"**

Ab agar leave reject ho gayi, toh poora plan cancel. Aur mujhe pata tha ki Friday ko leave maangna matlab full risk, kyunki **weekend ke saath jod ke trip plan karne ka scam sabko pata hai!**

Toh Dimag Ki Batti Jali!

Thursday Office gaya aur seedha sach bolne ki jagah ek emotional excuse ready kiya—**"Sir, Kasouli jaa raha hoon, birthday celebrate karna hai!"**

Kasouli, jo Chandigarh se sirf 1 ghante ki duri pe hai, aur ek aisi jagah jo **leave approve karwane ke liye perfect bahana ban sakta tha!** Boss ne bola **"Haan theek hai, half-day le lo"** aur maine dil se bola **"Boss, tujh mein rab dikhta hai!"**

Par asli masterstroke toh abhi baaki tha—**Friday ko sick leave lena!**

Plan ekdum solid tha—Thursday half-day, Friday sick leave, Saturday-Sunday toh waise bhi holiday, aur Monday tak wapas aane ka full-proof plan. Matlab office waale sochenge ki bhai **viral fever se viral trek tak ka safar kar raha hai!**

Bus Ka Safar: Ek Low-Budget Roller Coaster Ride

Toh bhai, Chandigarh se **HRTC bus** pakdi jo **budget-friendly toh hai, par suspension-free rollercoaster bhi!**

Matlab road ki halat aisi hoti hai ki agar tum so bhi rahe ho, toh bhi tumhaara body rollercoaster ke effects feel kar hi lega.

Ghar pe mummy ko full confidence se bola **"Haan maa, doston ke saath ja raha hoon trip pe!"**

Aur mummy ka response wahi classic tha—

"Haan beta, pehle permission ka concept hota tha, tum bas final decision sunate ho!

Phir wahi evergreen dialogue—*"Kaun hai tere dost? Mujhe milwao unse, main lagati hoon unki waat!"*

Maine bola **"Maa, aap tension mat lo, safe hoon."**

Aur mummy ka last dialogue—*"Bas tujhse kuch kehna bekaar hai, ja beta, jee le apni zindagi!"*

Throwback: Pichli Trip Wali Kasam!

Mujhe aaj bhi yaad hai pichli trip pe Jatin ka wo dialogue—**"Bhai, next trip Spiti honi chahiye!"**

Jaise he **Spiti Valley ka plan lock kiya**, sabse pehla thought aaya **"Bhai Jatin ko call karke bolein ki chal raha hai?"**

Phone uthaya, Jatin ka number dial kiya, aur irony dekho— **Aman bhi Jatin ke sath tha!**

Matlab ekdum reunion vibes! Bas fark sirf itna tha ki **pichli trip me Jatin aur Aman physically mere saath the, is baar bas emotions me support de rahe the!**

Call Connect Hua, Aur Dukh Bhari Kahani Shuru!

Mai: **"Bhai, yaad hai tu kya bola tha pichli trip pe? Ki Spiti chalenge? Chal, nikalte hain!"**

Jatin: **(Ek lamha chup rehkar) Bhai, jaana toh bohot chahta hoon, par leave wali issue.**

Aman: **"Bhai, tu lucky hai, tu jaa raha hai… yaha boss ko bolna padta hai ki 'Sir, 10 min chai peene jaa sakta hoon kya?"**

Mai: **"Tum dono mere mann me ho! Ek ek view pe tum dono ki yaad karunga!"**

Jatin: **"Chal jhoothe!**

Baat sach thi, **corporate life me trip plan karna easy nahi hota!** Matlab **job hai toh paisa hai, par time nahi. Agar time hai, toh ya toh paisa nahi ya phir boss bolega 'Company ko bhi tumhari zaroorat hai!'"**

Aman aur Jatin ja toh nahi sakte the, **par unhone virtual support full diya!**

Wo bhi bol rahe the—**"Bhai, ja, explore kar, aur jab wapas aayega tab hume details bata diyo ki Spiti ke pahad Instagram jitne dreamy hai ya asli life me aur zyada khatarnak!"**

Toh bas, ye do **corporate slaves chhutti nahi le paaye, par mera solo safar officially shuru ho gaya tha!**

Yeh trip solo hone waali thi, **par har ek moment pe Jatin aur Aman ki yaad aane waali thi!**

- **Jab bhi koi 90-degree death road dikhegi, mann bolega "Jatin hota toh kehta, 'Bhai, ye road to full 'Man Vs Wild' wala lag raha hai!'"**
- **Jab bhi koi fancy café dikhega, toh Aman ki yaad aayegi kyunki wo har jagah chai aur paratha review karne me expert hai!**

Spiti Valley: Pahad Jo Nange The, Par View Ekdum Rich!

Bus chali aur Chandigarh se Kinnaur ki pahadiyon me ghusne ka maza hi alag tha! Subah 5 baje aankhein khuli aur **window se jo view dikha na, bas waha laga ki yaar, yeh safar best decision tha!**

Pehla Safar

8 baje Peo (Reckong Peo) pohch gaya, aur waha se **direct bus pakadni thi Kaza ke liye—jo Spiti Valley ka main hub hai.**

Aur bhai, Spiti ki road pe jo adventure shuru hua na, usko describe karna mushkil hai!

Matlab **pichle jitne bhi pahad dekhe the, woh sab bacche lag rahe the!** Spiti ke pahad **nange-nange, full desert vibes!**

Matlab yeh toh Himachal ka **"Mars on Earth"** tha!

Bus kaafi time se chal rahi thi. Pahaadi raste, seedha khada hua ekdum **"abhi slip ho gaya toh neeche seedha news me headline"** type ka terrain, aur ek andar chal raha tha dimag ka scanner—**"Yaar, yeh Spiti itni door hai kyun?"**

Jaise jaise Kaza paas aa raha tha, **bus bhi almost khali ho chuki thi!** Pehle ek-ek karke sab log apni apni stops pe utar chuke the, aur ab kuch **log bache the— dekhta hu ki ek banda jo full-on apni duniya me jee raha tha!**

Ek banda tha **jo full shaant, apni khud ki trip me mast tha—ekdum silent monk vibes!** Matlab, lag raha tha ki ye banda **self-discovery** ya **breakup recovery** mode me hai, ya fir **kisi secret mission pe hai jo hume pata nahi chalne waala!**

Aur dusra banda—**bro, full energy!**

Matlab, bus me koi bhi uncle, koi bhi local banda milta, toh ye jaake usse baat karne lagta! **Kis devta ki puja hoti hai, yeh mandir kab bana, yaha ke log kya**

khaate hain, kis season me snowfall hoti hai—yeh banda ek chalta phirta Discovery Channel tha!

Matlab ekdum **local historian** type insaan jo har chhoti cheez explore karna chahta ho.

Par phir realize hua ki **bhai bhi solo traveler hi hai!**

Aur Phir Aaya Wo Apple Wala Stop!

Bus ek random stop pe ruki. **Main fresh hawa lene ke liye utra**, aur samne dekha **Kinnaur ke famous apple orchards!**

Matlab ekdum perfect red apples, jismein se ek todne ka mann kare hi kare!

Bas phir **dimag me ek crime thriller chalu ho gaya— "Bhai, apple tod lu? Koi dekhega toh nahi?"**

Ek taraf **pahad ki fresh hawa** bol rahi thi ki **"Bhai, bas ek tod le, tujhe kaun dekh raha hai?"**

Dusri taraf **insaan ke andar ka dar** bol raha tha— **"Bhai, locals gussa ho gaye toh? Koi danda leke na aa jaye?"**

Tabhi dekhta hoon, **wo banda jo bus me uncle se baatein kar raha tha, seedha jata hai aur bina soche apple tod ke le aata hai!**

Phir **wo mujhe dekhta hai, thoda smile karta hai, aur sidha ek apple mere taraf badhata hai!**

Aur Yahan Se Hui Humari Dosti Ki Shuruaat!

Apple lete hi ekdum automatic **"bhai tu kaun hai?"** wala curiosity mode on ho gaya!

Maine bola—**"Bhai, bada confident ho apple todne me! Locals dande leke aate toh?"**

Banda bola—**"Bhai, jab tak tera face innocent hai, tab tak tension lene ka nahi!"**

Phir halka conversation shuru hua—**Uska naam tha MANU!**

Ek dum **travel junkie banda jo sirf exploring ke liye jee raha tha!** Matlab **koi fixed plan nahi, koi destination nahi, bas chalna hai, kahin bhi rukna hai, aur bas life jeeni hai!**

Thodi aur baatein hoti, tabhi **bus ka horn bajta hai**, aur hum dono **wapas chadh jate hain!**

Bus finally **Kaza** pohch gayi, **shaam ke 6 baje ka time ho raha tha.**

Ek taraf **suraj dhal raha tha**, doosri taraf ekdum **cold wind chal rahi thi**, aur mujhe laga **"Bhai, asli adventure toh ab start ho raha hai!"**

Par ek decision lena tha—**"Room kaise le?"**

Mujhe full clear tha **"Is baar main pakka solo trip pe hoon! Koi extra dosti, koi unnecessary group formation nahi! Bas ekdum apni duniya me jeena hai!"**

Toh bas, **ek hotel dhunda, andar gaya, aur receptionist se poocha**—"Bhai, ek single room milega?"

Aur yahi se **solo trip ka asli chapter shuru hota hai!**

Chapter 2

Sasta Mutton, Expensive Experience Aur Solo Trekking Ki Kahani!

Bhai, room lete he na **pet ki halat ekdum.**

Me to Hotel wala banda- "Bhai, khane me kya hai? Matlab non-veg mai?"

Banda chilled-out style me bola—**"Only mutton!"**

Dimag instantly pocket ka balance check karta hai— Bhai yeh toh budget trip hai!

Par curiosity strong thi, toh maine pucha—**"Bhai, mutton curry kitne ki?"**

Banda bola—**"Bas ₹150 ek plate!"**

Mere andar ka budget traveler ek second ke liye shock me chala gaya—"KYA KYA?! ₹150 MEIN MUTTON CURRY?!"

Matlab **Chandigarh me ₹500 me 2 tukde milte hain, aur yaha ₹150 me full plate? Yeh toh wahi 'Run' movie wala scene ho gaya—"₹5 me chicken biryani"**

Fir bhi bhai, **Himachal ke logo ki honesty pe bharosa tha, soch liya jo hoga dekha jayega, order de diya!**

Thodi der me banda **8 piece mutton curry aur chapati leke aaya!**

Bhai, **8 piece?! ₹150 me?** Matlab ekdum **Zindagi Ne Kya Se Kya Kar Di Moment!**

Bina kisi doubt ke, **pura plate clean kiya,** pet bhar gaya, neend bhi aa gayi, aur bas **seedha room jaake 5 baje ka alarm laga diya!**

Subah Ka Mission: Key Monastery Tak Trekking!

5 baje alarm baja, bag pack kiya, aur nikal pada apne dream location ki taraf—KEY MONASTERY!

Kaza se bas 14 km door!

Par bhai, normal log waha cab/bike/bus se jate hain, **par main socha ki trekking karni chahiye!** Matlab **woh jo Spiti ke nange pahad hain, jo Mars planet jaise dikhte hain, waha trek nahi karunga toh kya dilli ki galiyon me chalunga?**

Bas phone nikala, video banane laga, aur ekdum 'influencer mode' on kar diya!

Aur obviously **Jatin aur Aman ko video call kiya!**

Ek taraf **yeh dono apni corporate slavery jee rahe the, aur dusri taraf main apni solo adventure life ka maza le raha tha!**

Jatin: "Bhai, tu toh asli wanderlust traveler ban gaya hai!"
Aman: "Bhai, job chhod ke hum bhi aa jayein kya?"
Main: "Ab aana mat! Yeh scene sirf selected bande jee sakte hain!"

Aise he maze lete hue 10 km chal chuka tha, tabhi ek cab aake rukti hai aur driver poochta hai—

"Bhai, kaha jaana hai?"

Main: Key!"

Aur bhai, **us cab me kon tha?**

Wahi banda jo bus me baitha tha, jo full silent mode me tha, aur jisse meri baat tak nahi hui thi!

Matlab kya timing thi yaar!

Cab me baithte hai usse baatein shuru hui. **Banda Bangalore se tha!**

Matlab **ekdum dusre end se aaya tha Himachal explore karne!**

Aur pata chala **banda trader hai, jo ek challenge leke nikla tha—"Trade In The Mountains"**

Matlab bhai **Pahad me trading kar raha tha!**

Bas fir kya, **Key Monastery poch gaye, matha teka, aur banda wapas Kaza drop karne ki offer de raha tha!**

Maine bola **"Nahi bhai, mujhe yaha thoda aur time jeena hai!"**

Aur fir **chup chap ek pahad pe jaake baith gaya!**

Waha se **poora Key village aur monastery dikhaai de raha tha!**

Ek dum peace! Ek dum vibe!

Aur wahi baith ke **aur bhi videos aur photos click ki!**

Matlab sab ekdum sorted tha... LEKIN!

Tabhi phone ki *tring tring* hui aur jo caller ID dekhi, toh lag raha tha ki life ki full *horror story* shuru hone wali hai! "BOSS CALLING..."

Bhai ek pal ke liye toh aisa laga ki Network God ne mujhe *dhokha* de diya hai. Matlab jahaan duniya sochti hai "network nahi aayega", wahaan bhi boss ka phone missile ki speed se aa gaya!

Ab scene ye tha ki maine Friday ko subha ek *chhota sa innocent sick leave message* daal diya tha—sirf formality ke liye! *Par boss toh boss hota hai na bhai!*

Phone uthate hi seedha gusse bhari awaaz: **"Kahaan hai tu? Office kyu nahi aaya?"**

Mere andar ka **Oscar-winning actor** turant jaag gaya! Mai ekdum **"Bechara Bimar Baccha"** tone mein bola:

"Sir... wo... mai... mai bohot bimar hu sir... hospitalised ho gaya hu..."

Ab boss bhi chhodega thodi na! Seedha investigation mode ON!

Boss: "Kya ho gaya tujhe? Kaha hai?"

Mere dimaag ka full horsepower chala, aur turant ek *emotionally tragic* story ban gayi:

"Sir... wo mai Chandigarh me akela rehta hu na... toh ghar waale tension le liye. Mujhe 104 fever ho gaya toh unhone bola tu safe jagah rahega... isliye mujhe mere

relatives Jalandhar le aaye hain... abhi wahi hoon... bahot weak feel ho raha hai sir..."

Ekdum *perfect dukh bhari kahani* ready thi!

Boss thoda confused tone mein: "Acha? Theek hai, rest kar le... but jaldi wapas aa!"

Aur mai ekdum *inner victory dance* karta hua call cut kar diya!

Ab asli tension yeh thi ki Monday tak ka kya plan ho, kyunki agar boss ne *follow-up call* maar diya toh kya naya excuse banega?!

Dopahar ho chuka tha, **bhookh lagi thi!**

Monastery ke paas ek chhota dhaba tha, toh socha **"Chalo yaha se kuch kha lein!"**

Ek **kadak coffee order ki!**

Aur coffee ke saath **momos aur veg fried rice bhi order kar diya!**

Jab khana aaya na, bhai, kya hi taste tha! Ekdum swarg ka prasad lag raha tha!

Par asli dhoka tab laga jab menu pe ek cheez notice ki—Mutton aur Chicken ekdum same price!

Dimag me question aaya—**"Bhai, yeh kaise possible hai?!"**

Toh maine waiter se poocha—**"Bhai, yaha mutton itna sasta kaise hai?"**

Banda bola—"**Bhaiya ji, apko yaha spiti mai kahi bakre dikhe?**"

Fir banda bola—"**Yaha sirf bhend (sheep) hote hain! Yaha jo 'Mutton' likha hota hai, wo bhend ka hota hai!**"

MERA DIMAG EK SECOND KE LIYE BLANK HO GAYA!

"**Toh kal dinner me jo khaya tha, wo bhend tha?!**"

Bhai, mummy ki woh baatein yaad aa gayi—"**Beta, non-veg soch samajh ke khana!**"

Par ab kya kar sakte hain, jo hona tha ho gaya!

Monastery Ke Stay Ka Option, Par Tent Wala Feel Aur Mummy Ka Phone!

Monastery me stay **sirf ₹400 me mil raha tha, with food!**

Par **mere paas tha sleeping bag aur tent!**

Toh monastery ke ekdum top **ek sundar location pe tent laga diya jaha se subah ka first sunrise dikhega!**

Raat hui, pura monastery lights se jagmag kar raha tha!

Ek dum **dreamlike experience!**

Tabhi **mummy ka phone aaya!**

Mummy: "Fir jhooth bol ke chala gaya? Akele tent me so raha hai? Koi janwar aa gaya toh?!"

Bhai, full **Emotional Damage!**

Mummy ki daant sunte sunte **finally neend aa gayi!**

Chapter 3

Ek Subah, Ek Dream View Aur Budget Trip Ki Ultimate Planning!

Subah Ka Scene – Ek View Jise Kabhi Bhool Nahi Sakta!

Subah aankh khuli, aur bhai, **jo view dekha na, uska bas ek hi reaction tha—"UFF!!!"**

One and only... meri tent ke saamne ekdum golden sunrise!

Samne **Key Monastery** apni puri shanti aur grandeur me!

Peeche **pahadon ki ek endless range**, jaise koi **Mars pe utar gaya hoon!**

Matlab **iss ek frame me jo sukoon tha na, uske liye sab paisa vasool!**

Bas fir **tent pack kiya, bag uthaya aur nikal pada** wapas civilization ki taraf!

Pass ke ek dhabe pe gya fresh hone, **aur subah ka ultimate "travelers ka fuel" order kiya—NOODLES!**

Abhi **noodles khatam bhi nahi hue the** ki dekhta hoon saamne ek bus khadi hai!

Matlab **"Kya timing hai bhai!**

Bina soche bus pakdi, aur seedha Kaza!

Kaza Market – Ek Mission Jisme Na Bike Thi, Na Budget Tha!

Ab Kaza market pohch ke **next adventure ka plan ready!**

Plan simple tha, **Key Monastery jaisa kuch aur explore karna tha, jo ekdum hatke ho!**

Mission List: Ultimate Locations To Cover!
Hikkim Post Office – *World's highest post office!*

Komic Village – *World's highest village!*

Chicham Bridge – *Asia's highest suspension bridge!*

Par ek **chhoti si problem —Mujhe bike chalana nahi aata!**

Bhai, ek solo traveler ho ke bhi bike nahi chalana aata, sharam ki baat hai, par sachai bhi!

Bas fir last option bacha— **CAB!**

Cab Ka Budget & Unexpected Travel Partner!
Cab wale bhai se rate pucha—**"Bhai, sari jagah ghoomane ka kitna lega?"**

Banda bola—**"₹1500!"**

Mann me seedha **Windows ka error sound baja!**

Matlab **aadhe trip ka budget ek din me ud jayega?!**

Fir cab wale ne dukh bhari shakal dekh ke ek option diya—

"Bhai thoda wait kar lo, koi aur aayega toh share kar lena!"

Aur bas **yahi wo moment tha jab ek naye solo traveler ki entry hui—PRANAV!**

Bhai **Kerala se aaya tha, aur wo bhi solo!**

Matlab **same-to-same problem thi jo meri thi— Budget tight, location dekhni zaroori!**

Toh bas **ekdum instant dosti ho gayi!** 😁

Pranav Ki Dairy & Mera Instant "Fan Moment"!

Bhai ne apni **dairy nikali... aur ekdum professional traveler vibes!**

Pure Spiti ka map khud apne haath se banaya tha!

Matlab **har ek jagah ki marking, routes, important points... Ekdum next-level research!**

Aur main? **Ek banda jo bas Instagram reels dekh ke trip plan kar raha tha!**

Bhai, **yeh moment pehli baar laga ki solo traveler hone ka asli fayda tab hai jab planning bhi sahi ho!**

Toh bas, **Pranav ki research aur humari dosti solid ho gayi!**

Cab Sharing & Kolkata Waale Bhai Jo Sirf Camera Me Busy The!

Thodi der baad **2 aur log aaye—Kolkata se!**

Bhai, **hum dono toh ekdum mast connection me the, par yeh dono full-time apne cameras me ghuse pade the!**

Matlab **na koi proper intro, na koi vibe match... Bas ekdum "Main Apni Duniya Ka Hero Hoon" wali feel le rahe the!**

Wo kehte hai na, kisi se milo aur wo tumhara naam yaad rakh le, toh ya toh dosti solid hui ya koi pange wali yaad bani!

Par in dono ka scene alag hi tha—na dosti, na panga, bas apni duniya me mast!

Bas fir **hum chaaro nikle, sari locations explore ki— Hikkim, Langza, Key, Chichim, Komic aur Kibbar!**

Ek ek location full mind-blowing thi!

- **Hikkim Post Office** pe ek postcard bhejna toh must tha!
- **Komic Village me highest altitude ki maggie taste ki!**
- **Chichim Bridge pe khade ho ke ekdum daredevil vibes aayi!**

Bas fir **raat ho chuki thi, aur ab wapas Kaza jaana tha!**

Kaza Bus Stand Ka Scene – Ek Hi Bus & Ek Budget Stay!

Kaza bus stand pahuch ke **seedha next day ki bus book ki!**

Ab **mujhe aur Pranav ko budget stay dhundna tha, kyunki paisa sirf utna bacha tha jitne me ya toh stay ho ya fir agli trip ka khana!**

Toh Pranav ne ek **Mud-House stay dhoondh rakha tha—₹600 me private room!**

Bhai, budget-friendly + pura traditional feel!

Toh bas, **waha jaake check-in kiya, thoda bahar ghooma, kuch khaya, aur room jaake seedha so gaya kyon ki subah bus pakadni thi!**

Chapter 4

Bus Ka Dhoka, Manu Ki Entry, Aur Ek Gaon Jisme Sirf Ek Ghar Tha!

Subah Ka Drama: Bus Nahi, Toh Ab Kya?

Subah **5 baje ka alarm baja**, ekdum ready ho ke **backpack uthaya, aur seedha bus stand pohch gaya!**

Aur waha jaake pata chala ki bhai, aaj bus jayegi hi nahi!

Ab scene yeh tha ki **jo bus ek din pehle aati hai, wahi agle din subah chalti hai...**

Aur ek din pehle landslide ho gaya tha, toh obviously bus aayi hi nahi!

Bas fir, **waha bus stand ke paas khada soch raha tha ki ab kya karun?**

Tabhi Manu dikhai diya!

Bhai **same banda jisse pehli baar bus me milne ka mauka mila tha, apple todne wala ladka!**

Aur bhai, **Manu ne toh ekdum hero entry maar di—Smile ke saath aaya aur seedha pucha—"Bro, kya kar raha hai?"**

Maine **apna dukh bhara kahani sunaya!**

Manu bola—"Chal na, kal chale jaana... aaj mast off-roading karte hain!"

Off-roading?!? Bhai, bas yeh sunte he full excitement mode on ho gaya!

Maine bola—"Bhai, kaise? Bike ya Thar?"

Manu—"Bike!"

Aur bas fir kya, ekdum unplanned adventure mode on ho gaya!

Off-Roading Ka Scene: Kaza Se Dur Dur Tak Kuch Nahi!

Hum dono **seedha bike rental pe gaye, Manu ne bike uthai aur mai piche betha jo obvious tha fir hum nikal pade!**

Kaza se **ekdum dusri duniya ki taraf!**

Matlab **dur dur tak kuch nahi, bas kacchi sadak, aur ekdum off-road adventure feel!**

Aise raste na Instagram pe bhi nahi dikhte!

Aur fir **ek point pe pohche jaha dekh ke ekdum shock lag gaya—**

Charo taraf se pahadon se ghira ek ghar!
Haan bhai, ek POORA GAON jisme sirf ek ghar tha!

Matlab "Lost Village" ka asli matlab samajh aa gaya!

Gaon Ka Naam – "Kakti" Jisme Sirf Ek Ghar!

Manu bola—"Bhai, chalte hai dekhte hain!"

Bas fir **hum bike se utar ke us ghar ki taraf ja rahe the tabhi ek uncle dikhe!**

Main door se chilla ke bola—**"JULEY!"**

Uncle ne bhi respond diya, **aur bas baat shuru ho gayi!**

Pata chala ki **yeh gaon ka naam "Kakti" hai, aur yahan sirf ek ghar hai!**

Uncle, unki **wife, ek dog (jo bilkul bhi socialize nahi tha, isliye bandha hua tha!) aur ek yak!**

Matlab **yeh family puri ki puri Spiti Valley ke sabse alag life jee rahi thi!**

Fir uncle ne apna farm dikhaya!

Ekdum green house system—Chinese gobi, matar, tamatar, aur bhi kaafi sabziyan!

Matlab **poora self-sufficient life!**

Tabhi **uncle ne chai ka offer diya!**

Bhai, **Spiti me chai ka maza alag he hai, toh bas sidha haan bol diya!**

Uncle Ki Kahani – "Ek Simple Life Jo Asal Me Sabse Best Hai!"

Chai aur biscuits ke sath baat shuru hui—

Maine poocha—**"Uncle, yaha kaise rehte ho? Bache kaha hai?"**

Uncle bole—**"Kaafi generations aise he yaha rehte aa rahe hain...**

- **Ek beta Dharamshala me monk hai**
- **Aur ek beta ITI ki padhai Kaza me kar raha hai!**

Maine poocha—"Akela nahi lagta?"

Uncle bole—"Akele thodi na hai... biwi hai, kutta hai, yak hai... aur zindagi ki aadat hai!"

Bhai, ekdum sahi baat!

Fir mujhe yaad aaya—"**Yaha snowfall to bahut hoti hai, tab kaise rehte ho?**"

Uncle bole—"**Bas ghar band, 6 mahine ka ration leke aa jata hoon, aur fir bas... khana, sona, aur jeena!**"

Bhai, ekdum survival mode pe life!

Matlab **hume lagta hai ki bina Netflix ya fast WiFi life impossible hai, aur ye log ekdum shanti me jee rahe the!**

Thoda emotional bhi laga, **par unki life me ek alag hai level ki khushi thi!**

Wapas Kaza Ka Rasta: Ek Lesson Jo Kabhi Bhool Nahi Sakta!

Bas fir **unse alvida li, aur hum dono bike pe wapas Kaza nikal pade!**

Par **andar ek realization chal raha tha—Bhai, asli zindagi ye log jee rahe hain!**

Na unnecessary tension, na social media ka pressure, bas ek dum simple and peaceful life!

Aur yeh Spiti trip **ekdum unexpected life lessons de raha tha!**

Bhai, **kabhi kabhi slow life bhi jeeni chahiye... sirf "next" "next" karte rehna zaroori nahi hota!**

Toh bas, **yeh thought leke wapas Kaza market pohcha!**

Chapter 5

Hostel, Chichim Bridge & Mera Snow Leopard Encounter

Manu ne bola—"Bro, chalo hostel chalte hain! Wahan aur bhi solo travelers milenge, full vibe milegi!"

Aur bhai, **Manu ki networking skills waise bhi alag level ki thi!** Matlab banda **har doosre traveler se instantly dosti bana leta tha!**

Maine socha—"**Bhai, hostel wale experience lena toh banta hai!**"

Toh bas, **pehle ek dhaba dhunda, 2 plate garma-garam paratha aur chai pee, aur ek aur ride pe nikal pade!**

Destination: Chicham Village

Chicham Bridge tak toh hum pohch gaye, **par Manu bola—'Yaar, yeh toh already explore kar chuke hain, aage chalte hain!'**

Aur bhai, Manu ke adventure ke chakkar me **hum ek aur unknown location explore karne nikal gaye— Chicham Village!**

Waha ek **local shop pe Maggie khayi, aur tabhi ek cheez dekhi jo pura scene badal diya!**

Shop ke andar ek **badi si photo lagi thi Snow Leopard ki!**

Bhai, maine curiosity me shop wale bhai sahab se pucha—**"Yeh Snow Leopard kab dekhne ko milega?"**

Unhone bola—**"Abhi kuch dino me snowfall start ho jayegi aur tab Snow Leopards bhi zyada aane lagenge!"**

- **Photographers aur wildlife enthusiasts ke liye "Snow Leopard Tracking" hoti hai!**
- **Agar kahin leopard spotted hota hai, toh guides tourist ko waha le jaake durbin se dekhte hain!**
- **Most cases me yeh attack nahi karte, par agar akele aadmi mile toh risk hota hai!**

Maine casually poocha—**"Abhi kahi tracking hui hai kya?"**

Bhai sahab bole—**"Haan! Kal ya parso Key Monastery ke paas ek Snow Leopard dekha gaya tha!"**

Aur fir usne **apne phone me ek photo dikhai jo kisi ne track ki thi!**

Bhai, jo next cheez maine dekhi na, usne meri saari hawa tight kar di!

Picture me ek leopard pahad pe baitha tha... Aur uske just neeche ek tent dikh raha tha...

Aur unhone bola ki **"Ek chutiya akela Camping bhi kr rha tha wha pe"**

MERA TENT! - Wo chutiya koi aur nahi mai he tha.

Matlab jo **raat ko maine Key Monastery ke paas camping ki thi, tab ek Snow Leopard waha tha!**

Aur mujhe pata bhi nahi chala!

Maine bola—**"Bhai, yeh toh mera camp hai!"**

Shop wale bhai sahab aur Manu **shock + hasi dono mode pe chale gaye!**

Shop wale bole—**"Bhai, tu literally ek Snow Leopard ke saath so raha tha!"**

Snow Leopard Ki Aalsi Life Aur Reality Check!

Fir shop wale bhai sahab ne ek aur reality check diya—

- **Snow Leopard shikaar sirf tab karta hai jab unko lagta hai ki ekdam easy kill hai!**
- **Yeh dusre leopards jitne fast nahi hote, kaafi lazy aur chill hote hain!**
- **Jab tak human group me ho, tab tak safe hai, par agar akele ho toh risky ho sakta hai!**

Aur fir Manu ne ek **full savage line maar di—**

"Bhai, Snow Leopard teri antim sanskar ki planning kar raha tha!"

Mujhe realized hua—**"Haan bhai, kabhi kabhi adventure lene ki bhi limit hoti hai!"**

Hostel Wapsi – Ek Naya Experience!

Itna **shock absorb karne ke baad** time dekha toh **already shaam ho chuki thi!**

Toh bas, **hum hostel wapas nikal gaye!**

Manu bola—**"Bro, hostel me full masti hai, aur aur bhi solo travelers se milwaunga!"**

Aur mujhe laga—**"Bhai, Snow Leopard se milne se accha, hostel walo se milna better hai!"**

Chapter 6

River-Side Camping Fail, Galaxy Ka Surprise, Aur Ek Unknown Spiti Festival Ki Entry!

Toh bhai, hostel pahuchne ke baad ek dum mixed crowd mila!

- **Kuch log full chill mode pe!**
- **Kuch full adventure freaks!**
- **Aur kuch log office ka laptop leke aaye the... Matlab Spiti aake bhi "urgent mail" mode on!**

Baatein kaafi logo se hui, **par jo aaj bhi mere Insta pe active hain—Sameer aur Ajinkya!**

Dono **Pune, Maharashtra se aaye the, par Delhi se apni bike ride karke Spiti tak pahuch gaye the!**

Bas intro ho gaya, aur tabhi Manu ka adventure keeda fir se jag gaya!

Manu—**"Bhai, river-side camping karte hain!"**

Maine socha—**"Bhai, adventure ke liye hi toh aaya hoon... chal let's go!"**

Mere ke paas ek camp aur ek sleeping bag tha...

Par uske dimag me **"chhoti chhoti choriyaan"** bhi chalu thi...

Chupke se hostel ke blanket bag me bhar liye!

Aur bas fir **Spiti river ke pass ek dhamakedar camping spot dhoondhne nikal pade!**

Pehle toh **bike se proper location dhundne chale...** par River ke pass sahi camping spot dhundhna bhi ek adventure tha!

- **Kahi bike chalane me issue!**
- **Kahi kheton me saanp ka darr!**
- **Aur kahi river side ka flow itna strong ki full watt lagne ka chance!**

Fir socha—**"Bhai, isse better quit karein!"**

Aur bas ek jagah side me baith gaye **aur us shaanti ka maza lene lage!**

Ek taraf pahaad, ek taraf Spiti river ki shanti, ekdum dreamlike moment!

Aur Phir Jo Hua, Wo Expect Nahi Kiya Tha!

Bas aise hi aasman **ki taraf dekha... ek single star bada bright chamak raha tha!**

Aur dheere dheere **pure sky me hazaaron taare nazar aane lage!**

Aur ek dum **Milky Way galaxy apni aankhon ke saamne!**

Ek second ke liye mind-blown!

"Bhai, yeh toh zindagi ka ek best view hai!"

Aur bas tabhi realize hua—**ab wapas hostel jaana padega kyunki yeh khushkhabri sabko dikhani hai!**

Par Bike Kaha Hai Bhai?!?

Full darkness + khet ke beech me bike chup gayi thi!

Kabhi idhar, kabhi udhar... pura 30 min tak search mode on!

Matlab **aisa laga ki ek aur adventure mil gaya hai— "Spiti ke khet me khoi bike ka survival challenge!"**

Aur finally, ek kone me mili... jo ghane pedo ke beech chhup gayi thi!

Bas fir **seedha hostel wapas!**

Hostel Ka Reaction & Pro Night Photographer!

Hostel me enter karte hi **sabko bola—"Bhai, jaake sky dekho, Milky Way dikhegi!"**

Sab bahar bhaage, **par kisi ka phone Milky Way properly capture nahi kar pa raha tha!**

Tabhi ek pro solo traveler lady aayi...

Apna brand-new iPhone 14 Pro ka night mode swag dikhaya...

Aur ek dum **perfect Milky Way ka shot le liya!**

Sab ki aankhein ekdum wide open!

Matlab **"Ab yeh trip officially mind-blowing ban chuka tha!"**

Ab Wapas Ka Plan? Truck Ya Bus?

Bas fir **Manu bola—"Bro, kal mat ja, ruk ja!"**

Maine **solid mana kar diya—"Bhai, ab wapas jaana hi hai!"**

Par Manu bola—**"Par kal bhi bus jaane ka koi guarantee nahi!"**

Toh bas **bus stand gaye confirmation lene…**

Waha staff ne bola—**"Agar raste safe rahe toh bus jayegi, warna nahi!"**

Matlab **ab bhi 50-50 chances!**

Aur tabhi ek **TRUCK dikha!**

Matlab **ab wapas truck journey ka bhi option open ho gaya!**

Truck wale bhai se baat ki—

Bhai bole—**"Hum kisi bhi haal me kal subah nikalenge!"**

Maine **unse number le liya… ab agar bus nahi gayi toh truck confirm!**

Par Phir Ek Aur Twist – SPITI FESTIVAL!

Truck wale bhai sahab ne casually pucha—**"Spiti Festival se aa rahe ho kya?"**

Maine aur Manu—**"Festival? Kounsa festival?"**

Bhai bole—**"Aage Spiti Festival chal raha hai… aaj final day hai, pura dhamaka hone wala hai!"**

- **Local dance & music!**
- **Regional stars & actors!**
- **Aur pura Spiti Valley waha gather ho raha hai!**

Matlab ek aur dhamakedar scene entry maar raha tha!

Aur bas, **mai aur Manu fir nikal pade!**

Chapter 7

Spiti Festival, Manu Ki Dosti & Ek Corporate Slave Ki Wapsi!

Spiti Festival – Thande Mausam Me Ice Cream Aur Pura Mela Mood!

Bas bhai, **festival ka naam suna aur ekdum curiosity badh gayi!**

Hum dono seedha festival pahuch gaye... **aur sabse pehle kya kiya? ICE CREAM KHA LI!**

Thande mausam me ice cream ka alag he maza hota hai!

- **Dance dekha!**
- **Singing performances enjoy ki!**
- **Aur kuch drama bhi!**

Ekdum shaandar vibes!

Par fir **officials aaye, aur speech session shuru ho gaya!**

Matlab ekdum **"Kashmir Files ke end me Anupam Kher ka monologue" vibes!**

Aur bhai, **speech sunne ke liye patience level nahi tha...**

Toh bas **hum waha se silently nikal liye!**

Manu Se Last Walk & Future Trips Ka Plan!

Festival ke baad **bike rental pe bike wapas ki, aur paidal chal diye apne room ki taraf!**

Aur tab Manu ne ek aur bomb gira diya—"Bhai, mai bhi Chandigarh me rehta hoon!"

Matlab **poori trip ke baad ab yeh pta chala.**

Manu Chandigarh me college kar raha tha!

- Aur bola—"Bhai, number save kar, aage bhi trips sath karenge!"

Bhai, ek trip me unexpected dosti banti hai na, uska alag he maza hai!

Aur tab **Manu ne bola—"Bhai, truck se mat jaa, dikkat hogi!"**

Maine bola—**"Pata hai bhai, par maza bhi aata! Last ek mahine se sirf adventure mode pe jee raha hoon!"**

Toh bas fir, **maine apni hemkunt sahib trip ki puri kahani sunai... kaise ek ek decision ek adventure ban gaya!**

Subah Ka Scene – Final Goodbye & Wapsi!

Subah **uth ke seedha bus stand gya!**

Aur **pata chala—Bus jaa rahi hai!**

Ek taraf relief tha ki comfortable journey milegi...

Par dusri taraf disappointment bhi tha ki truck journey ka maza miss ho raha hai!

Aur bas fir ek last look diya Spiti ko...

Matlab **yeh wahi moment tha jisme emotions full-on active ho jate hain!**

- "Bhai, ab wapas corporate slave banne ja raha hoon!"
- "Yeh trip ekdum dream jaisi thi!"
- "Ab agla adventure kab hoga?"

Bas fir, **Peo, fir Peo se Shimla, fir Shimla to Chandigarh!**

Aur **next day subah Chandigarh pahuch gya!**

Par Yeh Kahani Yaha Khatam Nahi Hoti!

Bhai, yeh sirf ek pause hai, ending nahi!

Kyunki iss trip me ek kami thi— Jatin aur Aman!

Aur ab **next trip wapis Uttarakhand koi aur location!**

Diwali ka time... aur iss baar corporate slavery bhi tyag di thi!

Agle Story Me Kya?

- **Jatin aur Aman Ke Sath Ek Naya Adventure!**
- **Fir Se Uttarakhand!**
- **Diwali Vibes & Ek Aur Mind-Blowing Experience!**

Toh bas bhai, backpack tight kar lo, naye adventure ka safar shuru hone wala hai!

www.ingramcontent.com/pod-product-compliance
Lightning Source LLC
LaVergne TN
LVHW041614070526
838199LV00052B/3138